DATE DUE

¿CÓMO PODEMOS UTILIZAR

LA PALANCA?

David y Patricia Armentrout
traducido por Diego Mansilla

Rourke
Publishing LLC
Vero Beach, Florida 32964

C1 2003

© 2003 Rourke Publishing LLC

www.rourkepublishing.com

PHOTO CREDITS: ©Armentrout Cover, pgs. 7, 13, 14, 20; ©James P. Rowan pgs. 9, 29; ©David French Photography pgs. 17, 19, 23, 25, 27; ©Digital Vision Ltd. pg. 4; ©Myrleen Ferguson Cate/PhotoEdit/PictureQuestion pg. 11.

Cover: *Usas una palanca cuando quitas un clavo con la oreja de un martillo.*

Editor: Frank Sloan

Cover and page design: Nicola Stratford

Series Consulting Editor: Henry Rasof, a former editor with Franklin Watts, has edited many science books for children and young adults.

Spanish Editorial Services by Versal Editorial Group, Inc. www.versalgroup.com

Library of Congress Cataloging-in-Publication Data

Armentrout, David, 1962-
  ¿Cómo podemos utilizar la palanca? David and
Patricia Armentrout.
      p. cm.
Summary: Defines levers, explains their functions, and suggests simple
experiments to demonstrate how they work.
Includes bibliographical references and index.
  ISBN 1-58952-435-7
  1. Levers—Juvenile literature. [1. Levers--Experiments. 2.
Experiments.] I. Title: Lever. II. Armentrout, Patricia, 1960- III.
Title.
  TJ147 .A758 2002
  621.8—dc21
                                                                    2002007651

Printed in the USA

w/w

Contenido

Palanca: una barra rígida que gira o se mueve sobre un punto fijo; una máquina simple que se usa para mover o levantar objetos

Las tijeras son palancas dobles unidas en un punto pivote o punto de apoyo.

Facilitar el trabajo

Las máquinas facilitan el trabajo. Algunas máquinas, como las grúas y las excavadoras, pueden realizar grandes tareas. Pueden levantar y mover cargas pesadas.

Piensa en cómo sería la vida sin esas máquinas. ¿Cómo haríamos para construir nuestras casas y carreteras? Sería muy difícil realizar estas tareas sin máquinas.

Hasta las máquinas pequeñas nos hacen el trabajo más fácil. Una carretilla, por ejemplo, no puede cargar tanto como una pala mecánica, pero aún así es una máquina que nos facilita el trabajo.

Una excavadora puede mover con facilidad grandes cantidades de tierra.

Máquinas simples y complejas

Las máquinas simples se componen de pocas partes. Inclusive pueden no tener partes móviles. La rueda, la polea, la cuña, el tornillo, el plano inclinado y la palanca son máquinas simples.

Las máquinas **complejas** se componen de máquinas simples. Las máquinas complejas tienen muchas partes. Puedes encontrar máquinas complejas en tu propia casa. Los automóviles, los equipos de aire acondicionado y las lavadoras son máquinas compuestas por muchas partes.

Una lavadora automática es una máquina compleja que facilita las tareas hogareñas.

La palanca

La palanca, como todas las otras máquinas, nos da una **ventaja mecánica**. Ventaja mecánica es lo que se gana cuando una máquina simple nos permite usar un menor esfuerzo. Las palancas reducen la cantidad de esfuerzo, o fuerza, que debemos ejercer.

Una palanca, en su forma más simple, es una tabla que descansa en un punto de apoyo. Si te imaginas el sube y baja de una plaza, verás una palanca en su forma más simple.

Puedes encontrar muchas palancas en tu casa, si sabes qué buscar. Los abrelatas, cascanueces, tijeras, pinzas de depilar, alicates y escobas son diferentes tipos de palanca. A medida que leas, comprenderás por qué son palancas.

Cuando combinas la fuerza muscular y la escoba, pones en funcionamiento una palanca.

Cómo funcionan las palancas

Las palancas necesitan tres cosas para funcionar. La primera es la carga. La carga es el objeto, o peso, que queremos mover. La segunda es el **punto de apoyo**, que es el soporte o punto de equilibrio. La tercera es el esfuerzo, que es la fuerza que usamos para mover la carga.

Imagínate que tienes que realizar una tarea. Debes levantar a un amigo del suelo. Tu amigo es más pequeño que tú, pero pesa más de lo que puedes levantar cómodamente. ¡De pronto tu tarea es un trabajo difícil! Necesitas hallar una forma más fácil de realizar la tarea. ¿Qué tal si usas un sube y baja?

Levantar a un amigo del piso es un gran esfuerzo.

Experimenta con un sube y baja

Pide a tu amigo que se siente en uno de los extremos del sube y baja. Ahora empuja el otro extremo hacia abajo. ¡No era tan difícil! Pudiste levantar a tu amigo con facilidad. El sube y baja te dio una ventaja mecánica. Tenías las tres cosas que se necesitaron para que la palanca funcionara:

1. La carga: tu amigo en uno de los extremos
2. El punto de apoyo: el soporte central del sube y baja
3. El esfuerzo: tu fuerza hacia abajo en el otro extremo

Un sube y baja es una palanca cuyo punto de apoyo está entre la carga y la fuerza.

Cómo hacer una palanca de primer grado

El sube y baja es una palanca de primer grado. Una palanca de primer grado tiene el punto de apoyo entre el esfuerzo y la carga. Experimenta con tu palanca de primer grado.

NECESITARÁS:

- regla rígida
- mesa
- bolsa de frijoles pequeña (puedes hacer una bolsa de frijoles llenando un calcetín pequeño con frijoles secos o arroz)

Coloca la mitad de la regla sobre la mesa. La otra mitad debe sobresalir del borde. El borde de la mesa es el punto de apoyo. Coloca la bolsa (la carga) en el extremo de la regla sobre la mesa. Ahora presiona hacia abajo (el esfuerzo) sobre el extremo opuesto y levanta la carga. Fíjate cuánto se ha levantado la bolsa. Fíjate cuánto esfuerzo usaste para levantarla.

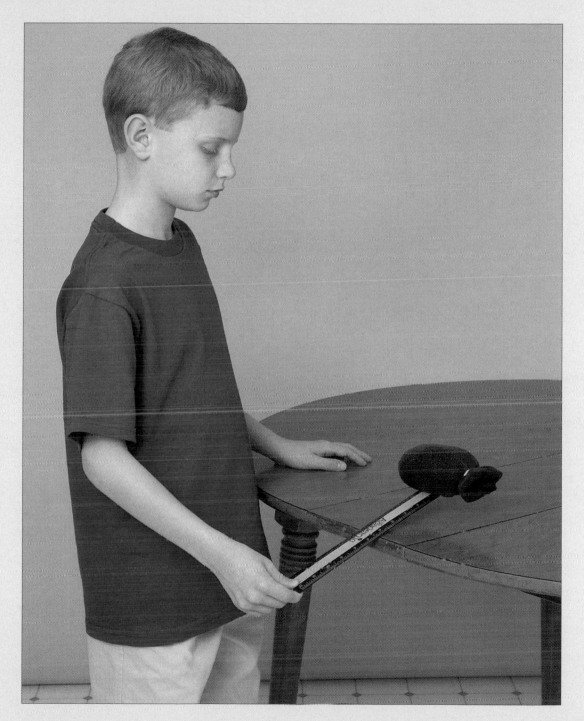

Puedes usar el borde de una mesa, una regla y una bolsa de frijoles para realizar un experimento simple de palanca.

Cambios en la fuerza y en la distancia

Realiza el experimento de la palanca de primer grado nuevamente. Esta vez ubica la regla de manera para que sobresalga solamente 2 pulgadas (5 cm) del borde de la mesa. Coloca la bolsa de frijoles en el extremo de la regla que se apoya sobre la mesa, de la misma forma en que lo hiciste para el primer experimento. Presiona sobre el otro extremo de la regla y levanta la carga. ¿Cuánto se levantó la bolsa desde la mesa? ¿Usaste más o menos esfuerzo para levantar la carga?

Al mover la regla, se mueve la posición del punto de apoyo.

Brazo de peso y brazo de fuerza

La posición del punto de apoyo es importante cuando estás usando palancas. En una palanca de primer grado, la parte de la palanca entre el punto de apoyo y la carga se denomina **brazo de peso**. La parte comprendida entre el punto de apoyo y el esfuerzo es el **brazo de fuerza**.

En el último experimento, el punto de apoyo estaba más cerca del esfuerzo que de la carga. En otras palabras, el brazo de fuerza era más corto que el brazo de peso. Cuando el brazo de fuerza es menor que el brazo de peso, se necesita más esfuerzo para levantar la carga.

Una palanca gigante de primer grado hace posible que un niño levante un carro.

Cómo hacer una palanca de segundo grado

Una palanca de segundo grado tiene la carga entre el esfuerzo y el punto de apoyo. La carretilla es una palanca de segundo grado. ¿Qué pasa cuando levantas las manijas de una carretilla? ¿Dónde están el esfuerzo, la carga y el punto de apoyo?

NECESITARÁS:

- 3 pies (0.9 metros) de cuerda
- libro de tapa blanda
- amigo
- vara rígida de una yarda de largo
- mesa
- cinta adhesiva

Para preparar la carga, ata un extremo de la cuerda alrededor del libro. Para preparar el punto de apoyo, haz que tu amigo coloque aproximadamente 2 pulgadas (5 cm) de la vara en el borde de la mesa.

El resto de la vara debe quedar fuera de la mesa. Con la cinta adhesiva, pega las 2 pulgadas (5 cm) de la vara a la mesa. La vara es tu palanca. Tu palanca debe poder moverse arriba y abajo mientras que la parte encintada trabaja como punto de apoyo.

Usa una vara de medir para levantar una carga mediante el uso de una palanca.

Usa tu palanca de segundo grado

Con la carga en el piso, toma el extremo libre de la cuerda y levanta la carga aproximadamente 6 pulgadas (15 cm) del piso. Fíjate en la cantidad de esfuerzo que usaste.

Ahora coloca el libro en el piso, centrado bajo tu palanca. Ata el extremo libre de la cuerda alrededor de la palanca sin que sobre cuerda. Tomando el extremo libre de la palanca, levanta la carga unas 6 pulgadas (15 cm) del piso. Fíjate en la cantidad de esfuerzo que usaste. ¿Te facilitó el trabajo la palanca?

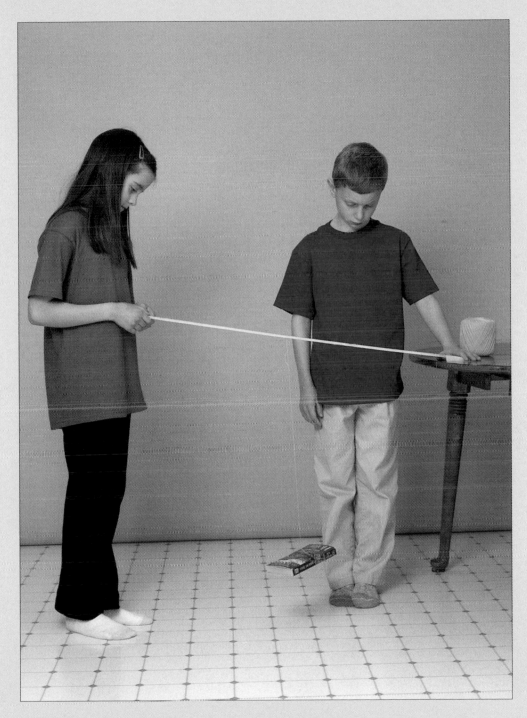

Si usas una palanca, se necesita menos esfuerzo para levantar una carga.

Cómo hacer una palanca de tercer grado

Si haces un pequeño cambio en el último experimento puedes hacer una palanca de tercer grado. En una palanca de tercer grado, la fuerza se aplica entre la carga y el punto de apoyo.

Mueve la cuerda hacia el extremo de la palanca, colocando la carga tan lejos del punto de apoyo como sea posible. Ponte entre el punto de apoyo y la carga y levanta la carga. Este tipo de palanca aplica el principio de la palanca de tercer grado. ¿Conoces algo que funciona como palanca de tercer grado?

Una escoba es una palanca de tercer grado. Una mano sostiene el palo de la escoba en su extremo (punto de apoyo). La otra mano lo empuña en su parte media y barre (esfuerzo). La suciedad del piso (carga) se junta de esta manera.

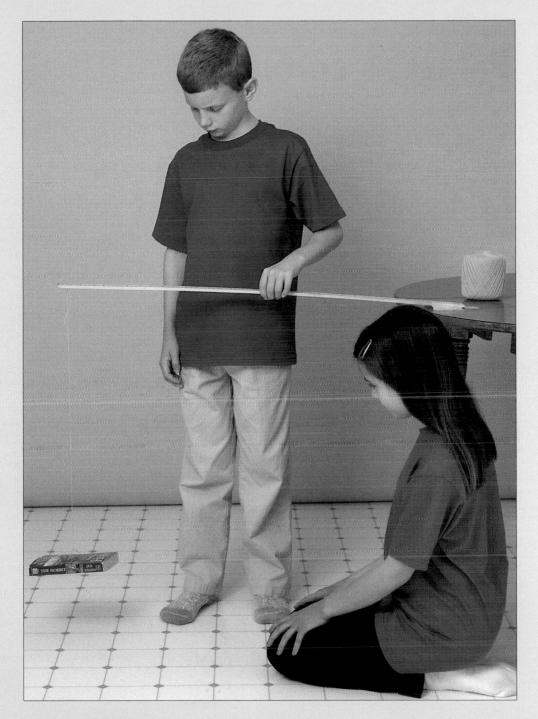

Una palanca de tercer grado tiene la fuerza ubicada entre el punto de apoyo y la carga.

Palancas comunes

La gente usa palancas a diario. ¿Puedes ver alguna palanca en tu casa o en el aula? Las tijeras, los cascanueces y las pinzas de depilar son todas palancas dobles. Las palancas dobles son dos palancas unidas en un punto de apoyo.

Las tijeras son palancas dobles de primer grado. El punto de apoyo está entre la fuerza y la carga.

Los cascanueces son palancas de segundo grado. La carga está entre la fuerza y el punto de apoyo. Las pinzas de depilar son palancas dobles de tercer grado. La fuerza se aplica entre la carga y el punto de apoyo.

Cuando usas un cascanueces, tú colocas la carga entre la fuerza y el punto de apoyo.

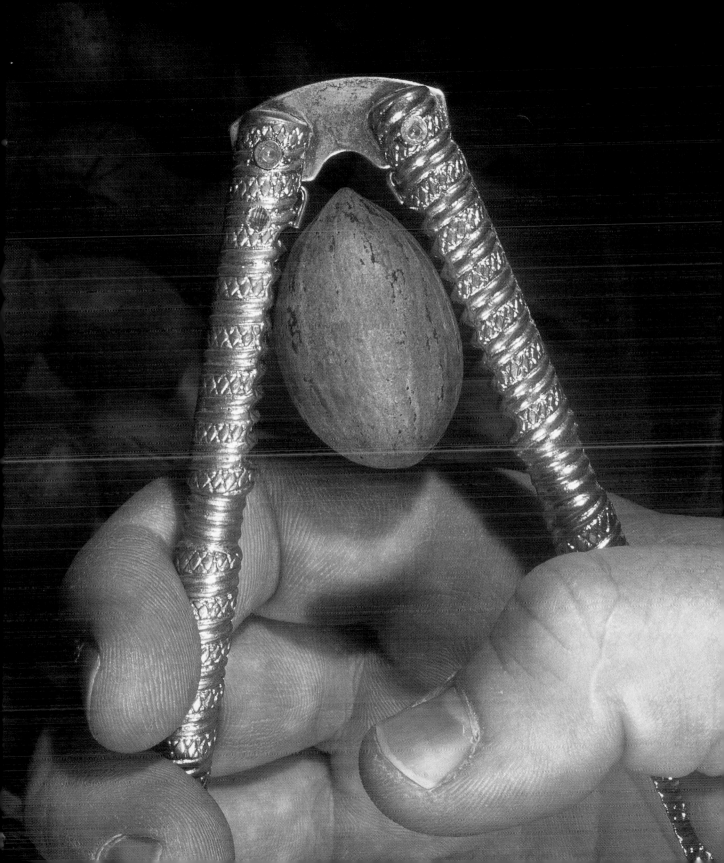

Glosario

brazo de fuerza: la parte de la palanca comprendida entre el punto de apoyo y la fuerza

brazo de peso: la parte de la palanca comprendida entre el punto de apoyo y la carga

compleja: formada por muchas partes

punto de apoyo: el soporte sobre el cual la palanca gira

ventaja mecánica: lo que se gana cuando una máquina simple te permite usar menos esfuerzo para realizar el mismo trabajo

Lectura adicional

Macaulay, David. *The New Way Things Work.*
  Houghton Mifflin Company, 1998
Seller, Mick. *Wheels, Pulleys & Levers.*
  Gloucester Press, 1993
VanCleave, Janice. *Machines.* John Wiley &
  Sons, Inc., 1993

Sitios web para visitar

http://www.kidskonnect.com/
http://www.most.org/sin/Leonardo/Inventors
  Toolbox.html
http://www.brainpop.com/tech/simplemachines

Índice

Acerca de los autores

David y Patricia Armentrout han escrito muchos libros para jóvenes. Ellos se especializan en escribir sobre temas de ciencia y estudios sociales. Han publicado varios libros de lectura para escuela primaria. Los Armentrout viven en Cincinnati, Ohio, con sus dos hijos.